Impressum
Verlag: BABADADA GmbH, Nedderfeld 112 , 22529 Hamburg
Geschäftsführer / Verlagsleitung: Harald Hof
Druck: Books on Demand GmbH, In de Tarpen 42, 22848 Norderstedt

Imprint
Publisher: BABADADA GmbH, Nedderfeld 112 , 22529 Hamburg, Germany
Managing Director / Publishing direction: Harald Hof
Print: Books on Demand GmbH, In de Tarpen 42, 22848 Norderstedt, Germany

escola
de School

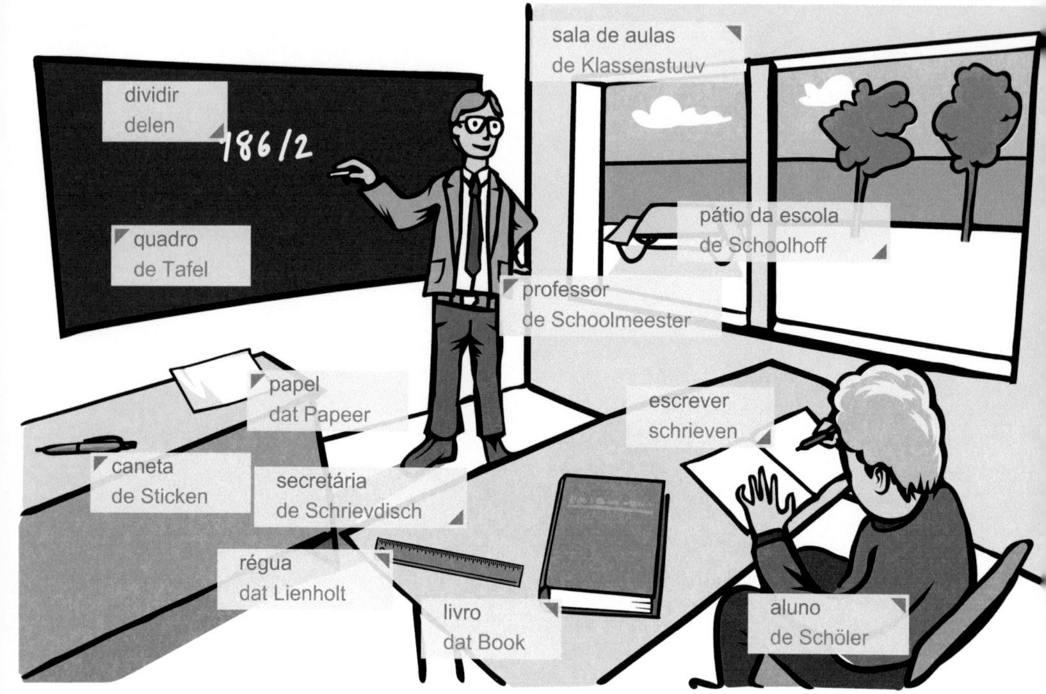
sala de aulas
de Klassenstuuv
dividir
delen
186/2
quadro
de Tafel
pátio da escola
de Schoolhoff
professor
de Schoolmeester
papel
dat Papeer
escrever
schrieven
caneta
de Sticken
secretária
de Schrievdisch
régua
dat Lienholt
livro
dat Book
aluno
de Schöler

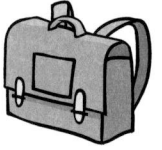

mochila

de Ranzel

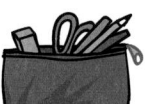

estojo de lápis

de Feddermapp

lápis

de Bleesticken

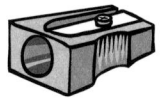

afia-lápis

de Scharpmaker

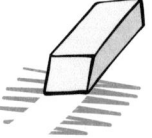

borracha

dat Radeergummi

bloco de desenho

de Tekenblock

desenho

de Teken

pincel

de Pinsel

caixa de tintas

de Malkassen

tesoura

de Scheer

cola

de Klever

livro de exercícios

dat Heft to'n Öven

trabalhos de casa

de Huusopgaav

12

número

de Tall

2+2

somar

tohooptellen

5-2

subtrair

aftrecken

2×2

multiplicar

malnehmen

calcular

reken

A

letra

de Bookstaav

ABCDEFG
HIJKLMN
OPQRSTU
VWXYZ

alfabeto

dat ABC

palavra

dat Woort

texto

de Text

ler

lesen

giz

de Kried

hora

de Stunn

registo de presenças

dat Klassenbook

exame

de Pröven

certificado

dat Tüügnis

uniforme escolar

de Schooluniform

educação

de Utbillen

enciclopédia

dat Nakieksel

universidade

de Universität

microscópio

dat Mikroskop

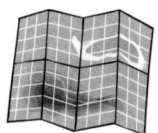

mapa

de Koort

cesto de lixo

de Papeerkorf

viagem
de Törn

hotel
dat Hotel
Grand
hostel
de Harbarg
ROOMS
EXCHANGE
casa de câmbio
de Wesselstuuv
mala
de Kuffer
carro
dat Auto

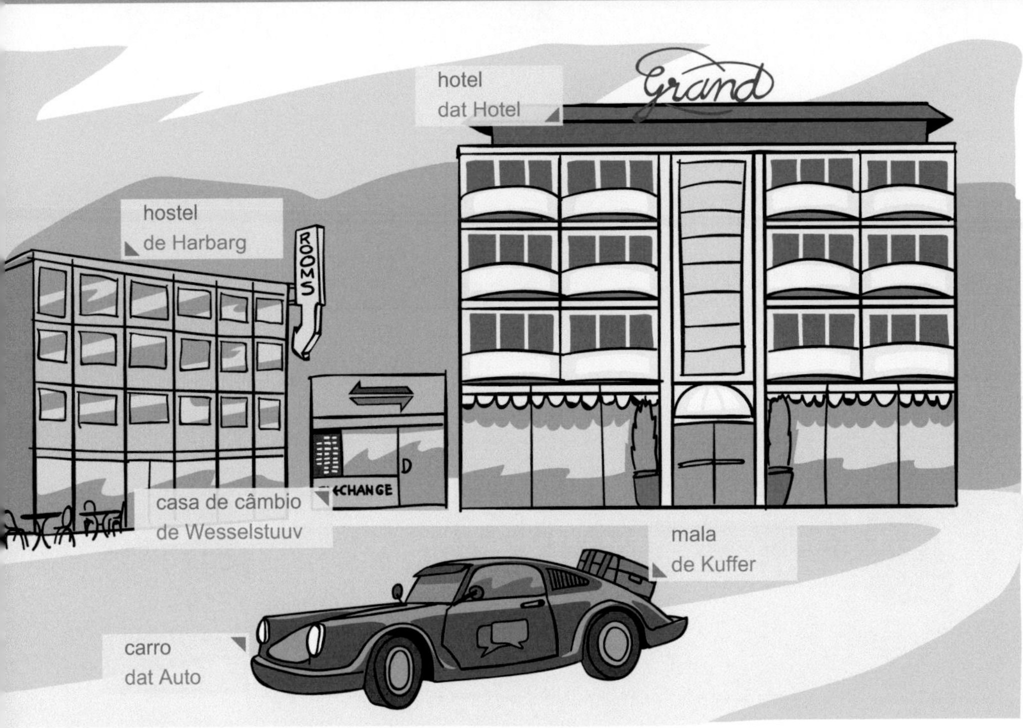

idioma

de Spraak

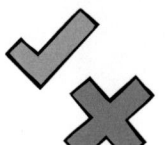

sim / não

jo / ne

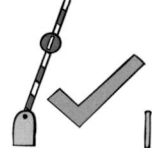

ok / certo / correto

Jo

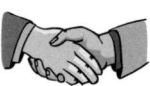

olá

Moin

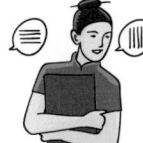

intérprete

de Översetter

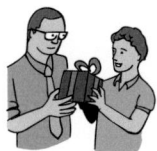

obrigado

Dank ok

quanto é que custa... ?

Wat kost...?

não entendo

Ik verstah nich

problema

dat Problem

boa noite!

Goden Avend

Bom dia!

Moin!

Boa noite!

Gode Nacht!

adeus

Tschüüs

direção

de Richt

bagagem

de Bagaasch

saco

de Tasch

mochila

de Rüchsack

convidado

de Gast

quarto

de Stuuv

saco-cama

de Slaapsack

tenda

dat Telt

informação turística
e Touristeninformatschoon

praia
de Strand

cartão de crédito
de Kreditkoort

pequeno-almoço
dat Fröhstück

almoço
dat Meddageten

jantar
dat Avendeten

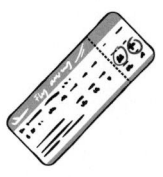

bilhete
de Fohrkort

elevador
de Fohrstohl

selo postal
de Breefmark

fronteira
de Grenz

alfândega
de Toll

embaixada
de Bottschop

visto
dat Visum

passaporte
de Pass

transporte
de Transport

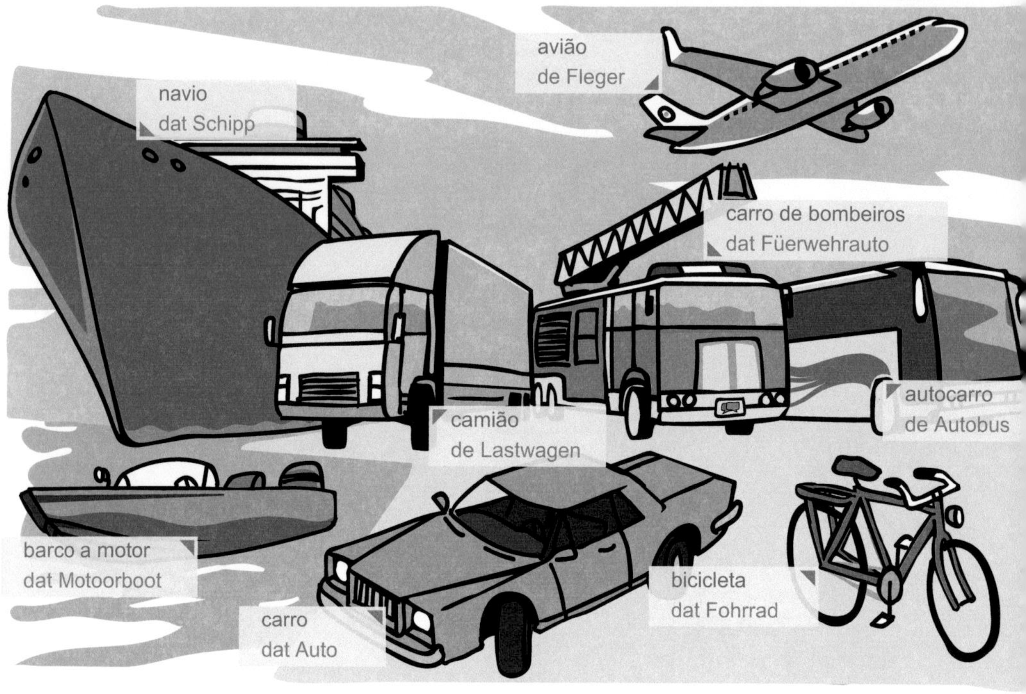

avião
de Fleger
navio
dat Schipp
carro de bombeiros
dat Füerwehrauto
camião
de Lastwagen
autocarro
de Autobus
barco a motor
dat Motoorboot
bicicleta
dat Fohrrad
carro
dat Auto

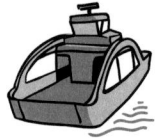

cacilheiro

de Fähr

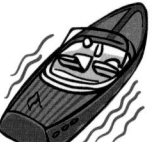

barco

dat Boot

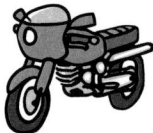

mota

dat Motoorrad

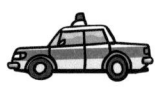

carro de polícia

dat Polizeiauto

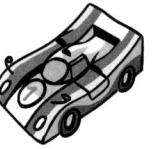

carro de corrida

dat Rönnauto

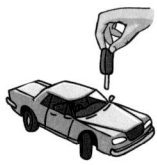

carro alugado

de Lehnwagen

carsharing

dat Carsharing

camião de reboque

de Afsleepwagen

camião do lixo

dat Müllauto

motor

de Motoor

combustível

de Kraftstoff

estação de serviço

de Tanksteed

sinal de trânsito

dat Verkehrsschild

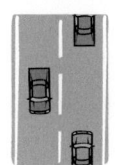

trânsito

de Verkehr

congestionamento de
trânsito
de Stau

parque de estacionamento

de Afstellplatz

estação ferroviária

de Bahnhoff

carris

de Sporen

comboio

de Tog

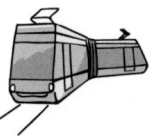

elétrico

de Stratenbahn

carruagem

de Wagon

helicóptero
de Dwarsmöhl

aeroporto
de Flooghaven

torre
de Tower

passageiro
de Fohrgast

contentor
de Grootkist

caixa de papelão
de Karton

carrinho
de Koor

cesto
de Korf

levantar voo / aterrar
starten / lannen

cidade
de Stadt

aldeia
dat Dörp

centro da cidade
de Binnenstadt

casa
dat Huus

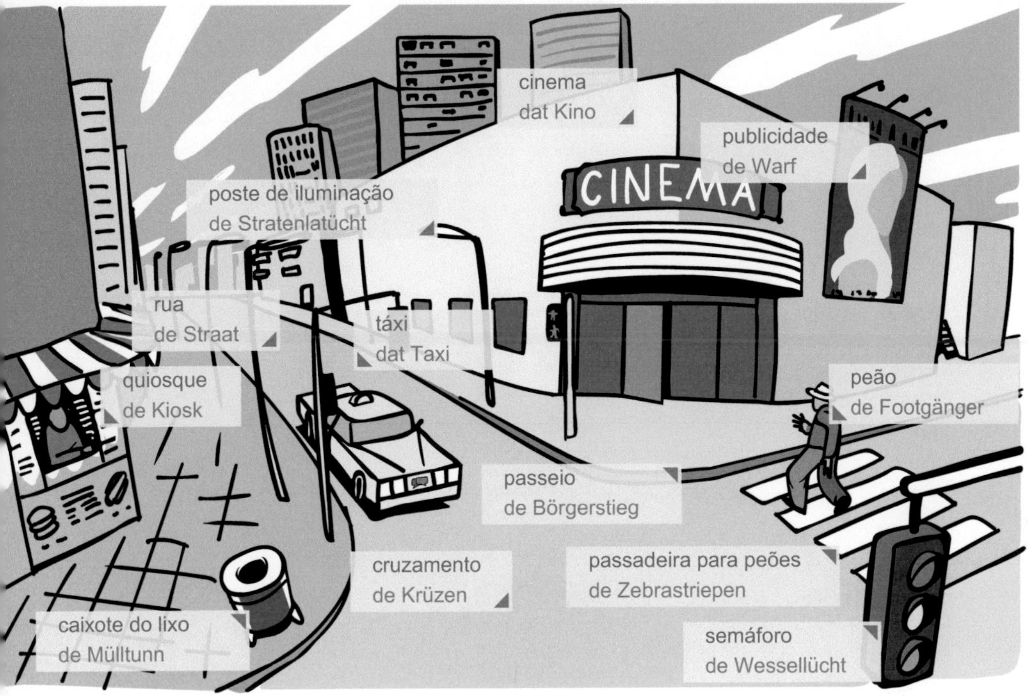

cinema
dat Kino
publicidade
de Warf
CINEMA
poste de iluminação
de Stratenlatücht
rua
de Straat
táxi
dat Taxi
quiosque
de Kiosk
peão
de Footgänger
passeio
de Börgerstieg
cruzamento
de Krüzen
passadeira para peões
de Zebrastriepen
caixote do lixo
de Mülltunn
semáforo
de Wessellücht

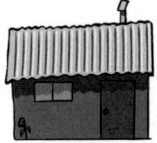

cabana

de Hütt

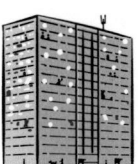

apartamento

de Wahnung

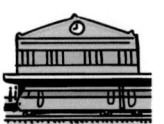

estação ferroviária

de Bahnhoff

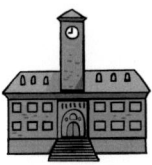

câmara municipal

dat Raathuus

MUSEUM

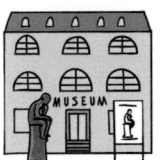

museu

dat Museum

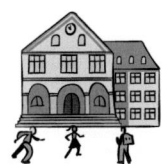

escola

de School

universidade

de Universität

banco

de Bank

hospital

dat Krankenhuus

hotel

dat Hotel

farmácia

de Afteek

escritório

dat Büro

livraria

de Bookhökerie

loja

de Hökerie

florista

de Blomenhökerie

supermercado

de Supermarkt

mercado

de Markt

loja de departamentos

dat Koophuus

peixaria

de Fischhökerie

centro comercial

dat Inkoopszentrum

porto

de Haven

parque

de Parkanlaag

banco

de Bank

ponte

de Brüch

escadas

de Trepp

metro

de Ünnergrundbahn

túnel

de Tunnel

paragem de autocarro

de Busstoppsteed

bar

de Bar

restaurante

dat Spieslokal

caixa de correio

de Breefkassen

sinal de trânsito

dat Stratenschild

parquímetro

de Parkklock

jardim zoológico

de Deertenpark

piscina

de Baadanstalt

mesquita

de Moschee

quinta
de Buernhoff

poluição
de Ümweltversmudden

cemitério
de Karkhoff

igreja
de Kark

parque infantil
de Speelplatz

templo
de Tempel

paisagem
de Landschop

folha
dat Blatt

placa de sinalização
de Wiespahl

caminho
de Weg

prado
de Wisch

pedra
de Steen

caminhantes
de Wannerer

árvore
de Boom

rio
de Fluss

relva
dat Gras

flor
de Bloom

vale

dat Daal

montanha

de Barg

lago

de See

floresta

dat Holt

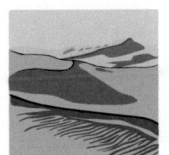

deserto

de Wööst

vulcão

de Füerspien Barg

castelo

dat Slott

arco-íris

de Regenbagen

cogumelo

de Poggenstohl

palma

de Palm

mosquito

de Steekmück

mosca

de Fleeg

formiga

de Miegeemk

abelha

de Imm

aranha

de Spinn

besouro

de Sebber

sapo

de Pogg

esquilo

de Katteker

ouriço

de Swienegel

lebre

de Haas

coruja

de Uul

pássaro

de Vagel

cisne

de Swaan

javali

dat Wildswien

veado

de Hirsch

alce

de Elk

barragem

de Staudamm

turbina eólica

dat Windrad

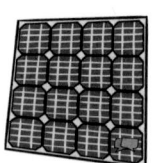

painel solar

dat Solarmodul

clima

dat Klima

restaurante
dat Spieslokal

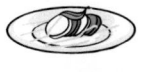

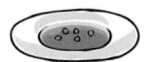

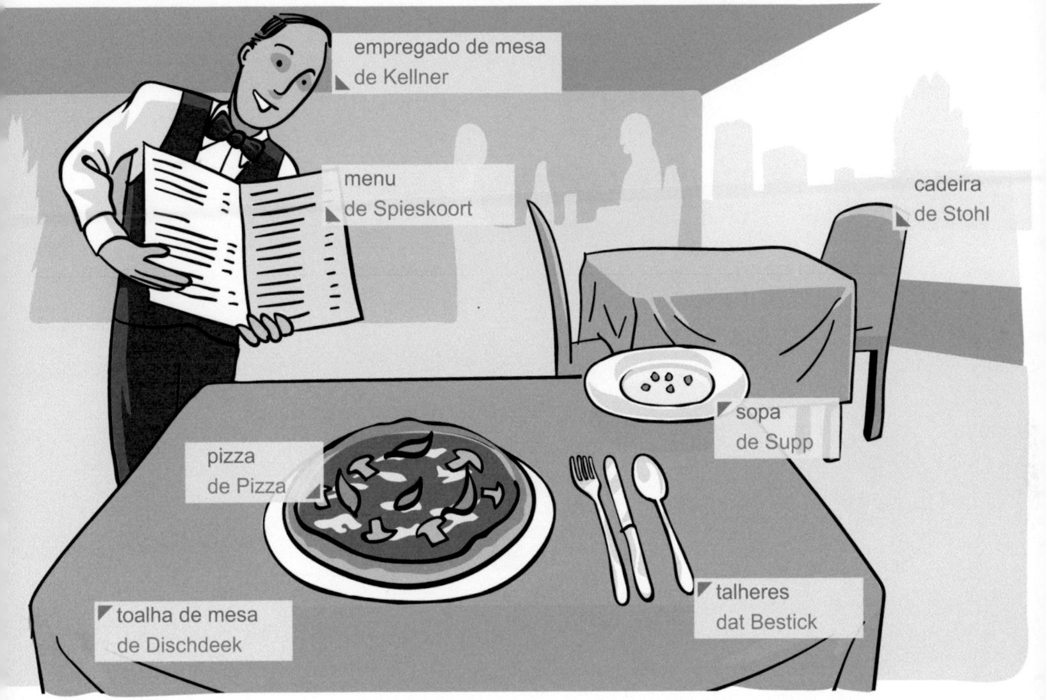

empregado de mesa
de Kellner
menu
de Spieskoort
cadeira
de Stohl
sopa
de Supp
pizza
de Pizza
talheres
dat Bestick
toalha de mesa
de Dischdeek

entrada

de Vörspies

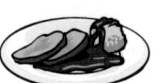

prato principal

dat Haupteten

sobremesa

de Nadisch

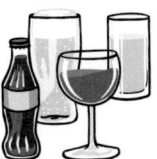

bebidas

de Drünk

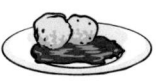

comida

dat Eten

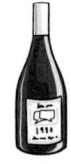

garrafa

de Buddel

fast food

dat Fastfood

comida de rua

dat Strateneten

bule de chá

de Teekann

açucareiro

de Zuckerdoos

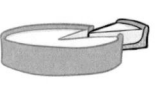

porção

de Portschoon

máquina de café expresso

de Espressomaschien

cadeira alta

de Hoochstohl

conta

de Reken

bandeja

dat Tablett

faca

dat Mess

garfo

de Gavel

colher

de Lepel

colher de chá

de Teelepel

guardanapo

dat Munddook

copo

dat Glas

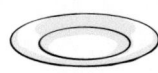

prato

de Töller

prato de sopa

de Suppentöller

pires

de Ünnertass

molho

de Sooß

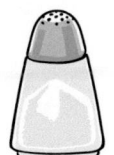

saleiro

de Soltstreuer

moinho de pimenta

de Pepermöhl

vinagre

de Etig

óleo

dat Ööl

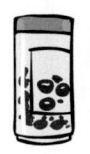

especiarias

de Krüder

ketchup

de Ketchup

mostarda

de Mostrich

maionese

de Mayonnaise

supermercado
de Supermarkt

oferta especial
dat Anbott
FOR
cliente
de Kunn
laticínios
de Melkprodukten
fruta
dat Aaft
carrinho de compras
de Inkoopswagen

BUTCHERS

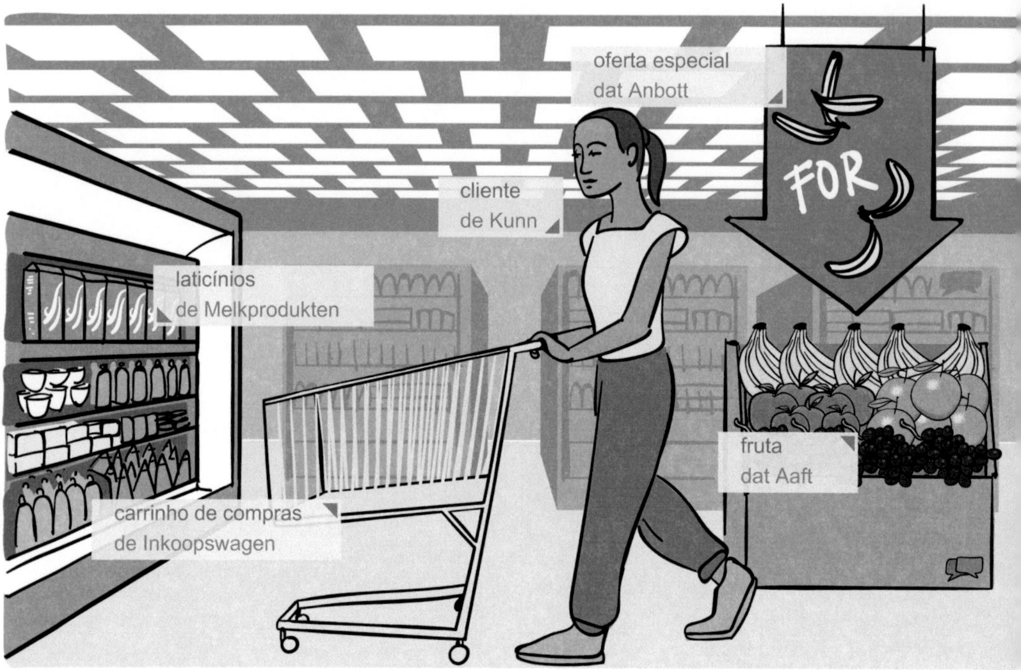

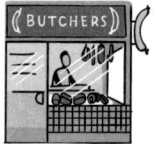

talho
de Slachterie

BAKERY

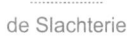

padaria
de Bäckerie

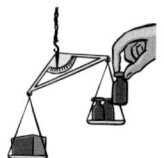

pesar
wegen

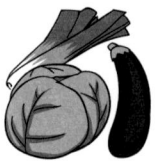

vegetais
de Gröönsaken

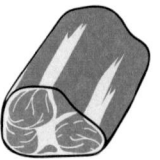

carne
dat Fleesch

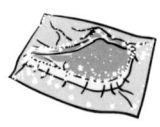

alimentos congelados
de Deepköhlkost

charcutaria

de Opsnitt

comida enlatada

de Konserven

detergente em pó

de Waschmiddel

doces

de Snoopkraam

artigos domésticos

de Huushooltssaken

produtos de limpeza

de Reinmaaktüüch

vendedora

de Verköpersche

caixa

de Kass

caixa

de Kasserer

lista de compras

de Inkoopslist

horário de funcionamento

de Opsparrtieden

carteira

de Breeftasch

cartão de crédito

de Kreditkoort

saco

de Tasch

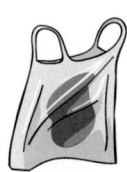

saco de plástico

de Plastiktüüt

água

....

dat Water

sumo

....

de Saft

leite

....

de Melk

coca-cola

....

de Cola

vinho

....

de Wien

cerveja

....

dat Beer

álcool

....

de Spriet

cacau

....

de Kakao

chá

....

de Tee

café

....

de Koffie

café expresso

....

de Espresso

capuccino

....

de Cappucino

banana

de Banaan

maçã

de Appel

laranja

de Appelsien

melão

de Meloon

limão

de Zitroon

cenoura

de Wöttel

alho

de Knuuvlook

bambu

de Bambus

cebola

de Zibbel

cogumelo

de Poggenstohl

nozes

de Nööt

talharim

de Nudeln

esparguete

de Spaghetti

arroz

de Ries

salada

de Salat

batatas fritas

de Pommes frites

batatas fritas

de Braadkantüffeln

pizza

de Pizza

hambúrguer

de Hamborger

sanduíche

dat Sandwich

bife panado

dat Snitzel

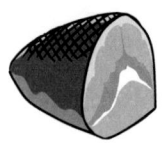

fiambre

de Schinken

salame

de Salami

salsicha

de Wust

galinha

dat Hohn

assado

de Braden

peixe

de Fisch

flocos de aveia

de Haverflocken

muesli

dat Müsli

flocos de milho

de Cornflakes

farinha

dat Mehl

croissant

de Croissant

carcaça (pãozinho)

dat Rundstück

pão

dat Broot

torrada

dat Toast

biscoitos

de Keksen

manteiga

de Botter

requeijão

de Quark

bolo

de Koken

ovo

dat Ei

ovo estrelado

dat Spegelei

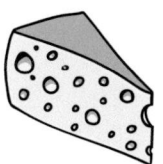

queijo

de Kees

gelado
de Ies

açúcar
de Zucker

mel
de Honnig

compota
de Marmelaad

creme de nougat
de Nougat-Creme

caril
dat Curry

quinta
de Buernhoff

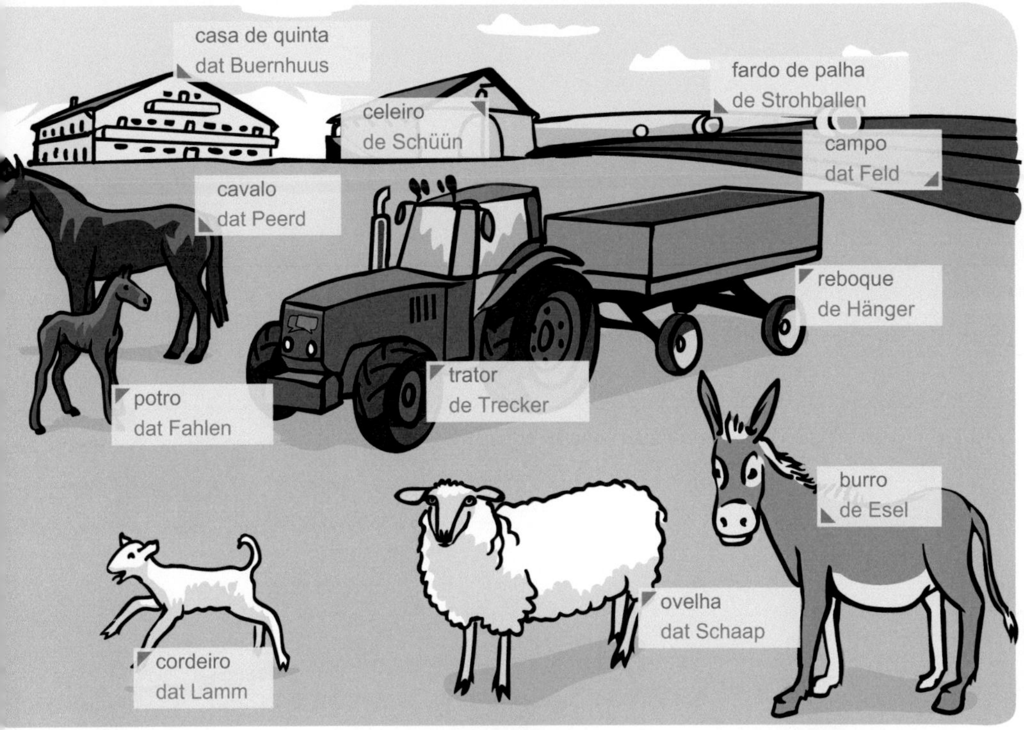
casa de quinta
dat Buernhuus
celeiro
de Schüün
fardo de palha
de Strohballen
campo
dat Feld
cavalo
dat Peerd
reboque
de Hänger
potro
dat Fahlen
trator
de Trecker
burro
de Esel
ovelha
dat Schaap
cordeiro
dat Lamm

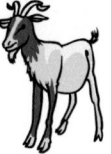

cabra

de Zeeg

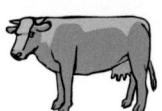

vaca

de Koh

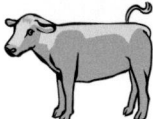

bezerro

dat Kalf

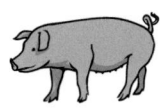

porco

dat Swien

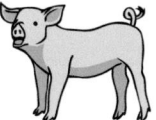

leitão

dat Farken

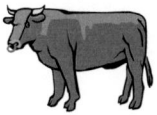

touro

de Bull

ganso

de Goos

pato

de Aant

pintaínho

dat Küken

galinha

dat Hohn

galo

de Hahn

ratazana

de Rott

gato

de Katt

rato

de Muus

boi

de Oss

cão

de Hund

casota

de Hunnenhütt

mangueira de jardim

de Goornslauch

regador

de Geetkann

foice

de Lee

arado

de Ploog

foice

de Sich

enxada

de Hack

forquilha

de Mestfork

machado

de Ext

carrinho de mão

de Schuufkoor

manjedoura

de Trog

jarro de leite

de Melkkann

saco

de Sack

cerca

de Tuun

estábulo

de Stall

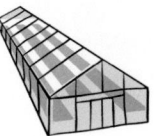

estufa

dat Drievhuus

solo

de Bodden

semente

de Saat

fertilizante

de Dünger

ceifeira-debulhadora

de Meihdöscher

colher

oornen

colheita

de Oorn

inhame

de Yamswöttel

trigo

de Weten

soja

dat Soja

batata

de Kantüffel

milho

de Törksche Weten

colza

de Rapp

árvore de fruto

de Aaftboom

mandioca

de Troopsch Kantüffel

cereais

dat Koorn

casa
dat Huus

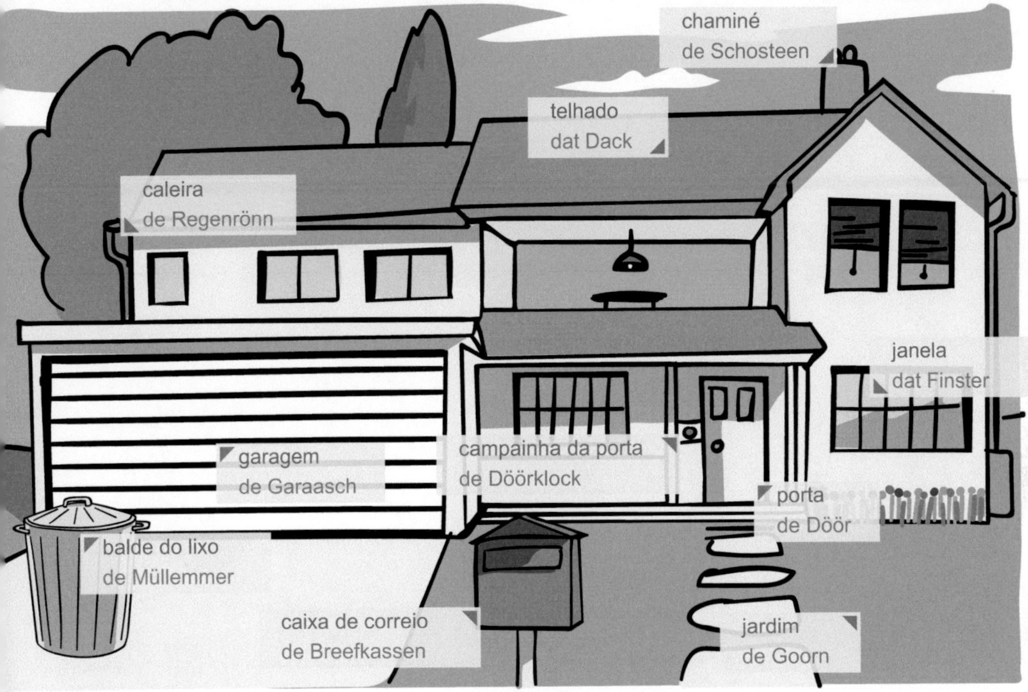
chaminé
de Schosteen
telhado
dat Dack
caleira
de Regenrönn
janela
dat Finster
garagem
de Garaasch
campainha da porta
de Döörklock
porta
de Döör
balde do lixo
de Müllemmer
caixa de correio
de Breefkassen
jardim
de Goorn

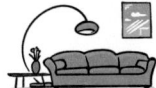

sala de estar

de Wahnstuuv

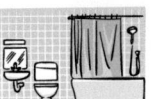

casa de banho

de Baadstuuv

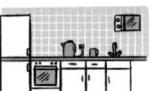

cozinha

de Kööк

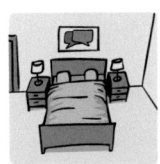

quarto de dormir

de Slaapstuuv

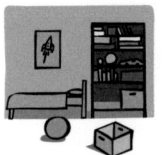

quarto de criança

de Kinnerstuuv

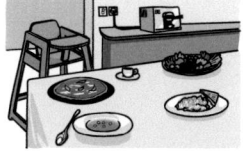

sala de jantar

de Eetstuuv

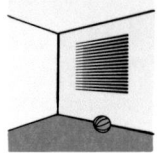

chão

de Footbodden

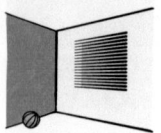

parede

de Wand

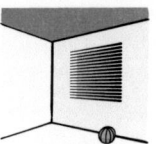

teto

de Deek

cave

de Keller

sauna

dat Hittluftbad

varanda

de Balkon

terraço

de Terrass

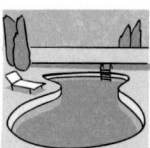

piscina

dat Swümmbad

máquina de cortar relvado

de Rasenmeiher

lençol

de Bettbetog

cobertor

de Bettdeek

cama

de Puuch

vassoura

de Bessen

balde

de Emmer

interruptor

de Schalter

sala de estar
de Wahnstuuv

papel de parede
de Tapeet
imagem
dat Bild
lâmpada
de Lamp
prateleira
dat Regal
armário
dat Schapp
televisão
de Kiekkassen
lareira
de Kamin
flor
de Bloom
almofada
dat Küssen
sofá
dat Sofa
vaso
de Vaas
controlo remoto
de Feernbedenen

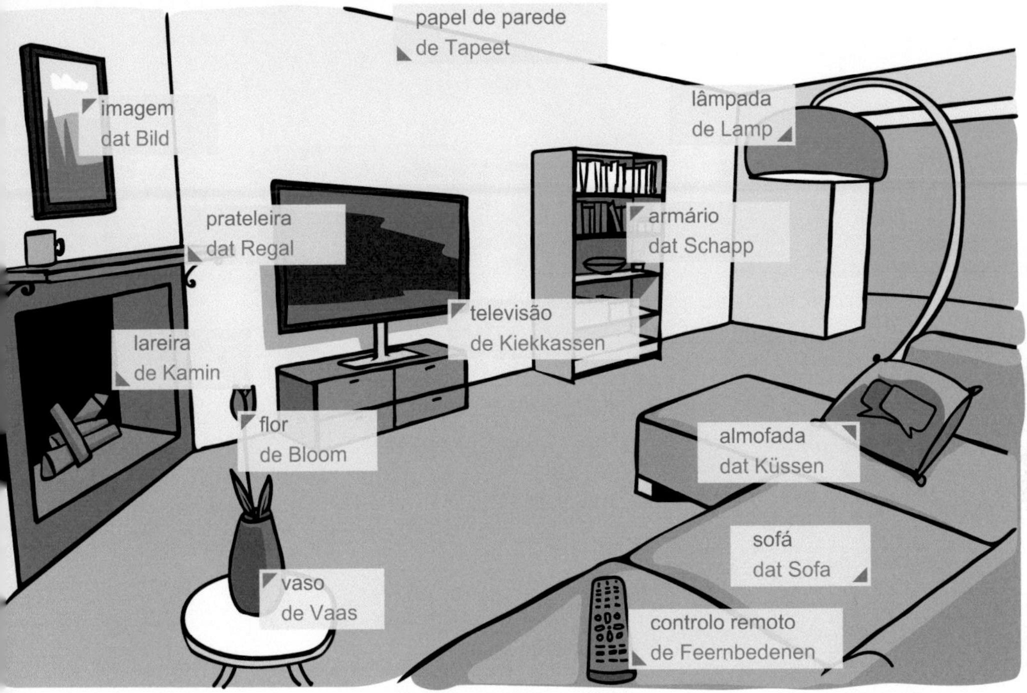

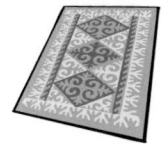

tapete
de Teppich

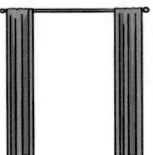

cortina
de Vörhang

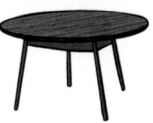

mesa
de Disch

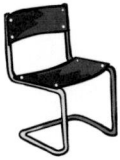

cadeira
de Stohl

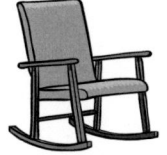

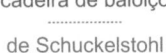

cadeira de baloiço
de Schuckelstohl

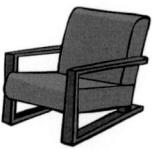

poltrona
de Sessel

livro
dat Book

cobertor
de Deek

decoração
de Dekoratschoon

lenha
dat Füerholt

filme
de Film

sistema estéreo
de Stereoanlaag

chave
de Slötel

jornal
dat Narichtenblatt

pintura
dat Gemälde

póster
dat Poster

rádio
dat Radio

bloco de notas
de Opschrievblock

aspirador
de Huulbessen

cato
de Kaktus

vela
de Kars

cozinha
de Köök

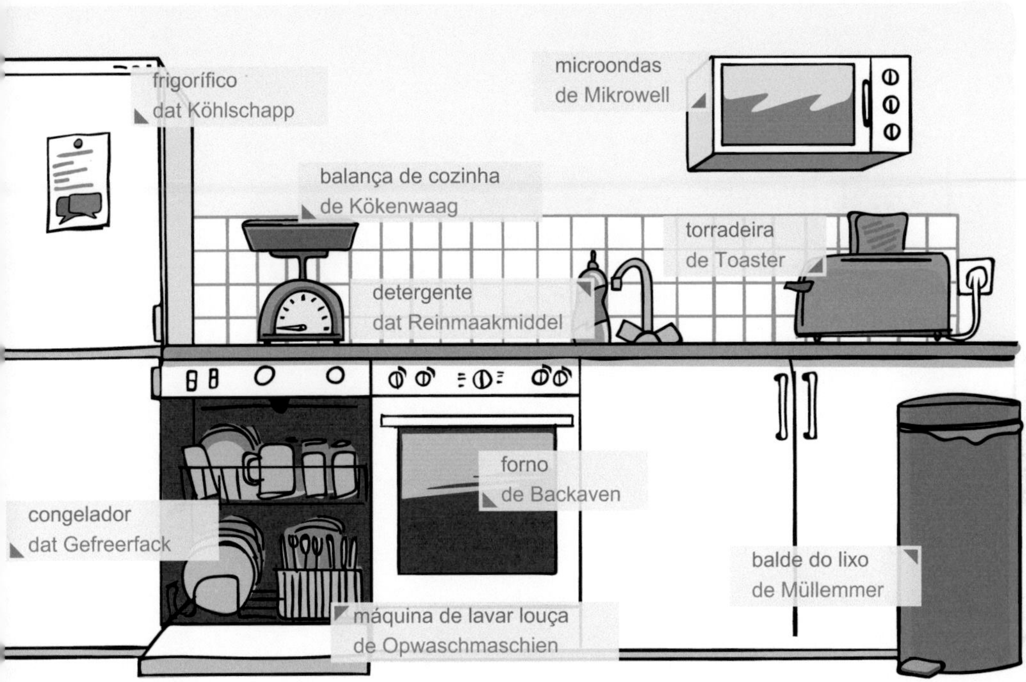
frigorífico
dat Köhlschapp
microondas
de Mikrowell
balança de cozinha
de Kökenwaag
torradeira
de Toaster
detergente
dat Reinmaakmiddel
forno
de Backaven
congelador
dat Gefreerfack
balde do lixo
de Müllemmer
máquina de lavar louça
de Opwaschmaschien

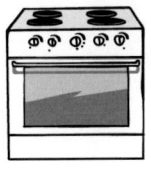

fogão

de Heerd

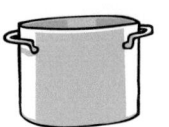

panela

de Pott

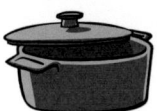

panela de ferro

de Gussiesern Putt

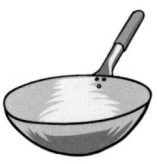

wok / kadai

de Wok / Kadai

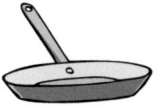

frigideira

de Pann

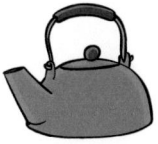

chaleira

de Waterkaker

panela a vapor

de Dampkaakputt

tabuleiro de forno

dat Backblick

louça

dat Geschirr

caneca

de Beker

tigela

de Schaal

pauzinhos

de Eetsticken

concha de sopa

de Suppenkell

espátula

de Pannenwenner

batedor de claras

de Sneebessen

escorredor

dat Kaakseef

peneira

dat Seef

ralador

de Riev

almofariz

de Mörser

churrasqueira

de Grill

lareira

de Füerstell

tábua de cortar

dat Sniedbrett

rolo da massa

dat Nudelholt

saca-rolhas

de Proppentrecker

lata

de Doos

abridor de latas

de Dosenaapner

luvas de forno

de Pottlappen

lava-loiça

dat Waschbecken

escova

de Böst

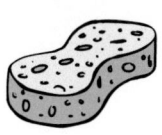

esponja

de Swamm

liquidificador

de Mixer

arca frigorífica

dat Iesschapp

biberão

de Nuckelbuddel

torneira

de Waterhahn

casa de banho
de Baadstuuv

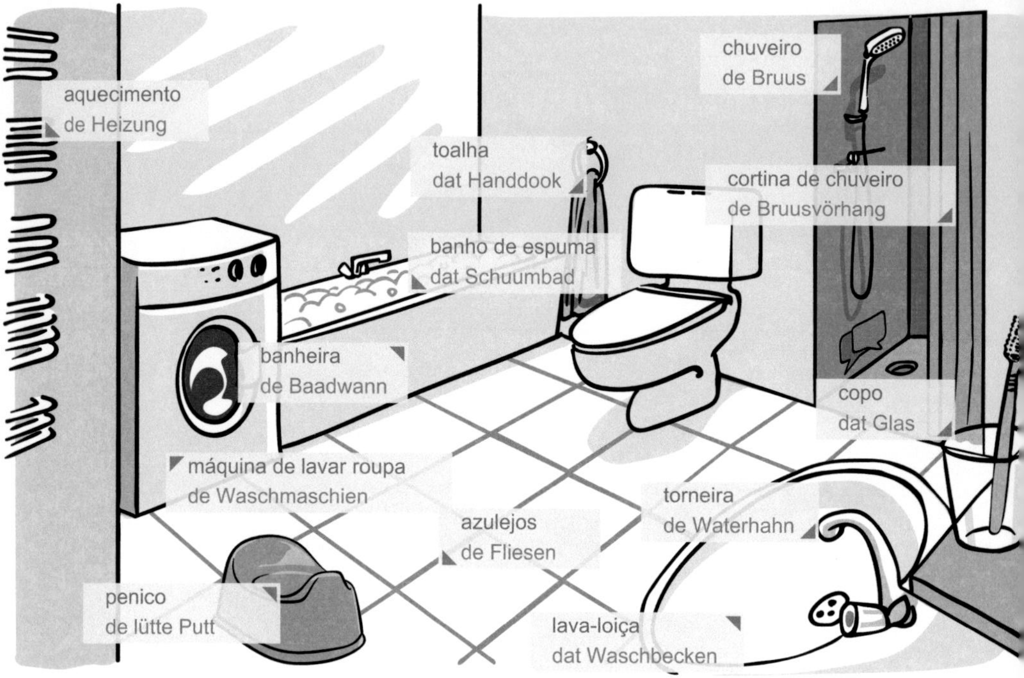
aquecimento
de Heizung
toalha
dat Handdook
chuveiro
de Bruus
cortina de chuveiro
de Bruusvörhang
banho de espuma
dat Schuumbad
banheira
de Baadwann
copo
dat Glas
máquina de lavar roupa
de Waschmaschien
torneira
de Waterhahn
azulejos
de Fliesen
penico
de lütte Putt
lava-loiça
dat Waschbecken

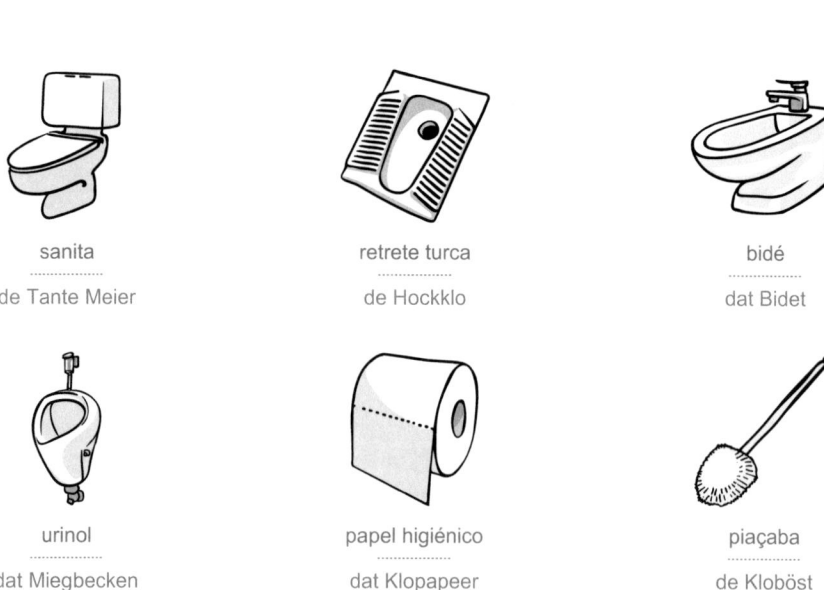

sanita

de Tante Meier

retrete turca

de Hockklo

bidé

dat Bidet

urinol

dat Miegbecken

papel higiénico

dat Klopapeer

piaçaba

de Kloböst

escova de dentes

de Tähnböst

pasta de dentes

de Tähnpast

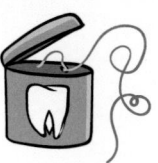

fio dentário

de Tähnsied

lavar

waschen

chuveiro de mão

de Handbruus

duche íntimo

de Intimbruus

bacia

de Waschschöttel

escova para as costas

de Rüchböst

sabonete

de Seep

gel de banho

dat Bruusgeel

champô

dat Hoorwaschmiddel

toalha de rosto

de Waschlappen

escoamento

de Afloop

creme

de Creme

desodorizante

dat Deodorant

espelho

de Spegel

espelho de mão

de Kosmetikspegel

máquina de barbear

de Raserer

creme de barbear

de Raseerschuum

loção pós-barba

dat Raseerwater

pente

de Kamm

escova

de Böst

secador de cabelo

de Hoordröger

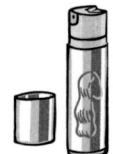

spray de cabelo

dat Hoorspray

maquilhagem

de Smink

batom

de Lippensticken

verniz de unhas

de Nagellack

algodão

de Watt

tesoura para unhas

de Nagelscheer

perfume

dat Rüükwater

nécessaire
de Kulturbüdel

tamborete
de Schemel

balança
de Waag

roupão de banho
de Baadmantel

luvas de borracha
de Gummihanschen

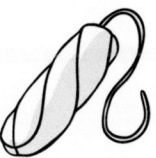

tampão
de Tampon

penso higiénico
de Damenbinn

WC químico
dat Chemieklo

quarto de criança
de Kinnerstuuv

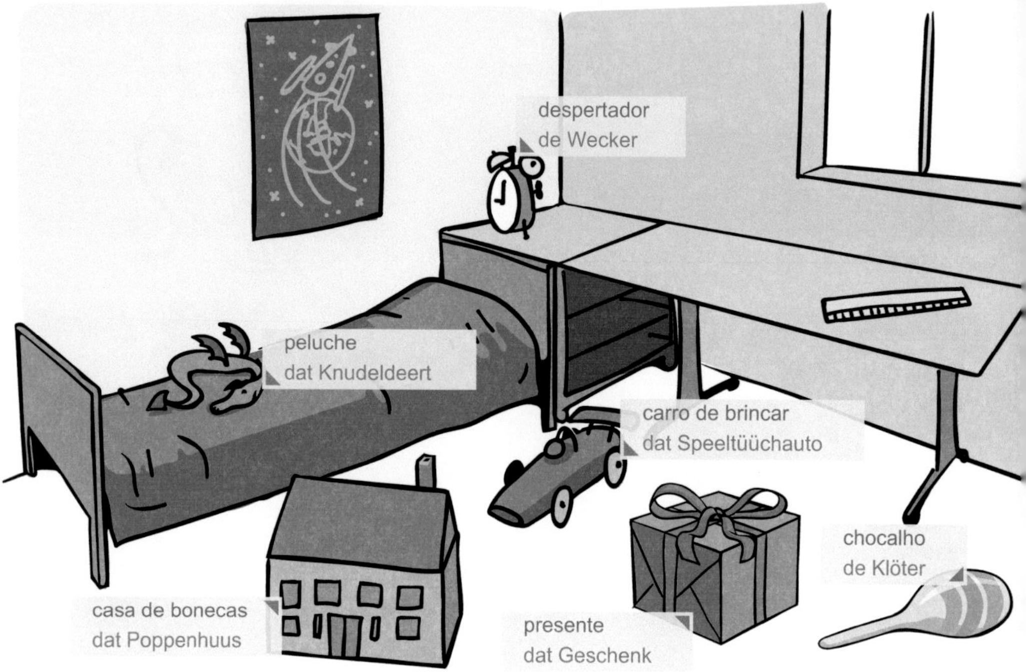
despertador
de Wecker
peluche
dat Knudeldeert
carro de brincar
dat Speeltüüchauto
chocalho
de Klöter
casa de bonecas
dat Poppenhuus
presente
dat Geschenk

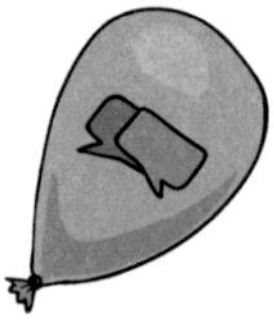

balão
de Luftballon

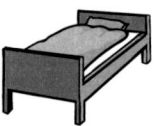

cama
de Puuch

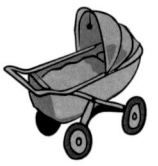

carrinho de bebé
de Kinnerwagen

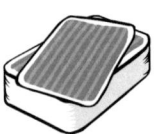

jogo de cartas
dat Koortenspeel

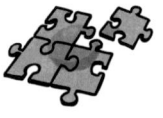

quebra-cabeças
dat Puzzle

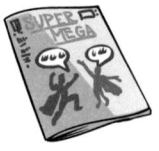

banda desenhada
de Billergeschicht

peças de Lego

de Legostenen

blocos de construção

de Bustenen

figura de ação

de Action-Figur

fato de bebé

de Strampelantog

Frisbee

de Frisbeeschiev

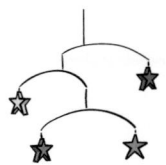

móbile para bebé

dat Mobile

jogo de tabuleiro

dat Brettspeel

dados

de Wörpel

pista de comboio elétrico

de Modelliesenbahn

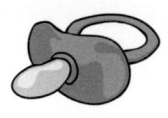

chupeta

de Snuller

festa

de Party

livro ilustrado

dat Billerbook

bola

de Ball

boneca

de Popp

jogar

spelen

caixa de areia
de Sandkassen

baloiço
de Schuckel

brinquedos
dat Speeltüüch

consola de jogos
de Speelkonsool

triciclo
dat Dreerad

ursinho de peluche
de Teddyboor

guarda-roupa
dat Klederschapp

vestuário
dat Tüüch

meias
de Socken

meias pelo joelho
de Strümp

meias-calças
de Strumpbüx

cachecol
dat Halsdook

cinto
de Liefreem

guarda-chuva
de Paraplü

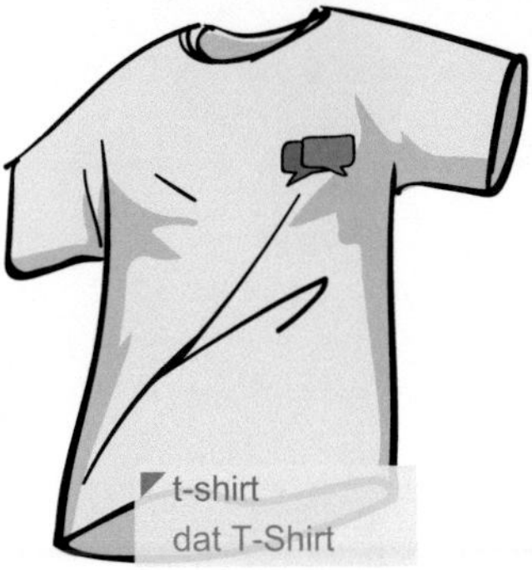

t-shirt
dat T-Shirt

sapatilhas
de Turnschoh

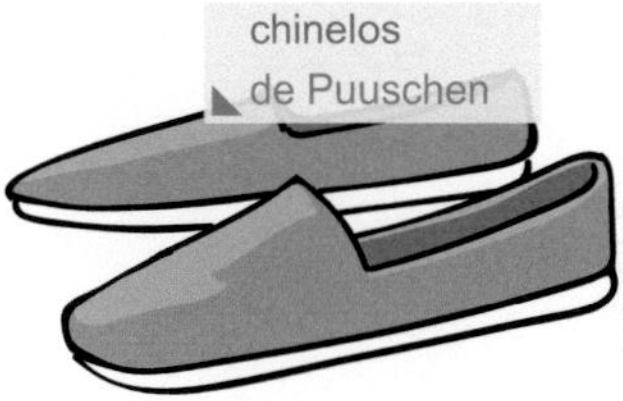

botas
de Stevel

chinelos
de Puuschen

sandálias
de Sandalen

sapatos
de Schoh

botas de borracha
de Gummistevel

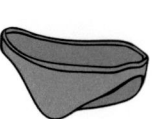

cuecas
de Ünnerbüx

sutiã
de Bostholler

camisola interior
dat Ünnerhemd

body
de Lief

calças
de Büx

calças de ganga
de Jeansnüx

saia
de Rock

blusa
de Bluus

camisa
dat Hemd

pulôver
de Pullover

camisola com capuz
de Kapuzenpullover

blazer
de Blazer

casaco
de Jack

manto
de Mantel

gabardina
de Övertrecker

traje
dat Kostüm

vestido
dat Kleed

vestido de casamento
dat Hochtietskleed

fato

de Antog

camisa de dormir

dat Nachtkleed

pijama

de Slaapantog

sari

de Sari

lenço de cabeça

dat Koppdook

turbante

de Turban

burca

de Burka

cafetã

de Kaftan

abaya

de Abaya

fato de banho

de Baadantog

calções de banho

de Baadbüx

calções

de Korte Büx

fato de treino

de Antog to'n Öven

avental

de Schört

luvas

de Handschoh

botão

de Knopp

óculos

de Brill

pulseira

dat Armband

colar

de Halskeed

anel

de Ring

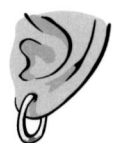

brinco

de Ohrbummel

boné

de Mütz

cabide

de Klederbögel

chapéu

de Hoot

gravata

de Binner

fecho de correr

de Rietslüter

capacete

de Helm

suspensórios

dat Drachtband

uniforme escolar

de Schooluniform

uniforme

de Uniform

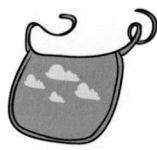

babete

de Severböten

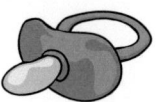

chupeta

de Snuller

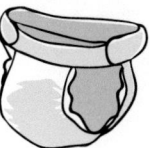

fralda

de Winnel

escritório

dat Büro

servidor
de Server
armário de arquivo
dat Aktenschapp
impressora
de Drucker
papel
dat Papeer
ecrã
de Bildschirm
secretária
de Schrievdisch
rato
de Muus
pasta
de Orner
teclado
dat Knoopboord
cesto de lixo
de Papeerkorf
computador
de Computer
cadeira
de Stohl

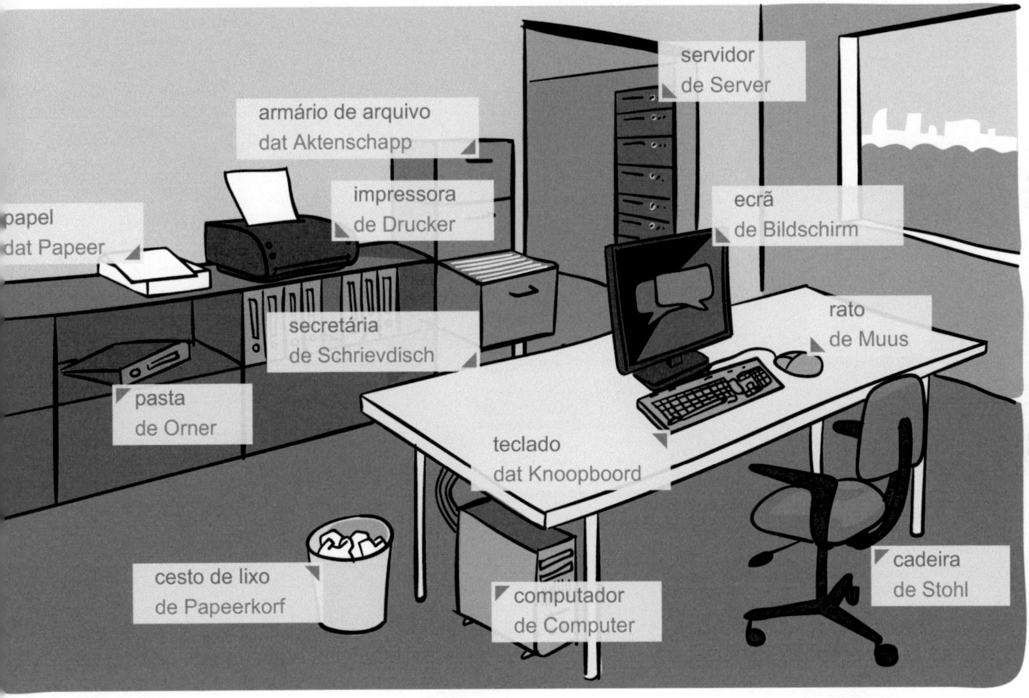

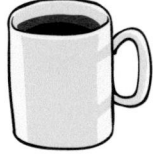

caneca de café

de Koffiebeker

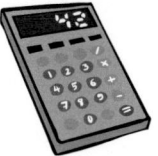

calculadora

de Taschenreekner

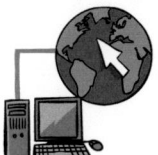

internet

dat Internet

computador portátil
de Klappreekner

carta
de Breef

mensagem
de Naricht

telemóvel
de Ackersnacker

rede
dat Nettwark

fotocopiadora
de Kopeerapparat

software
de Software

telefone
de Klöönkassen

tomada elétrica
de Steekdoos

fax
de Faxapparat

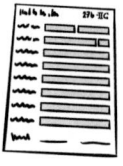

formulário
dat Formulor

documento
dat Dokument

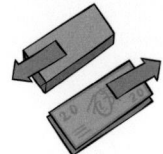

comprar
köpen

pagar
betahlen

negociar
hanneln

dinheiro
dat Geld

dólar
de Dollar

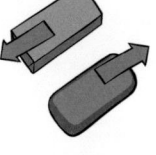

euro
de Euro

yen
de Yen

rublo
de Ruvel

franco suíço
de Swiezer Franken

renminbi yuan
de Renminbi Yuan

rupia
de Rupie

caixa de multibanco
de Geldautomat

casa de câmbio

de Wesselstuuv

ouro

dat Gold

prata

dat Sülver

petróleo

dat Ööl

energia

de Energie

preço

de Pries

contrato

de Verdrag

imposto

de Stüer

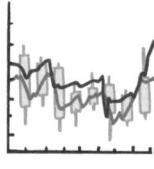

ação

de Andeelschien

trabalhar

arbeiden

empregado

de Anstellte

entidade patronal

de Arbeitgever

fábrica

de Fabrik

loja

de Hökerie

profissões

de Profeschonen

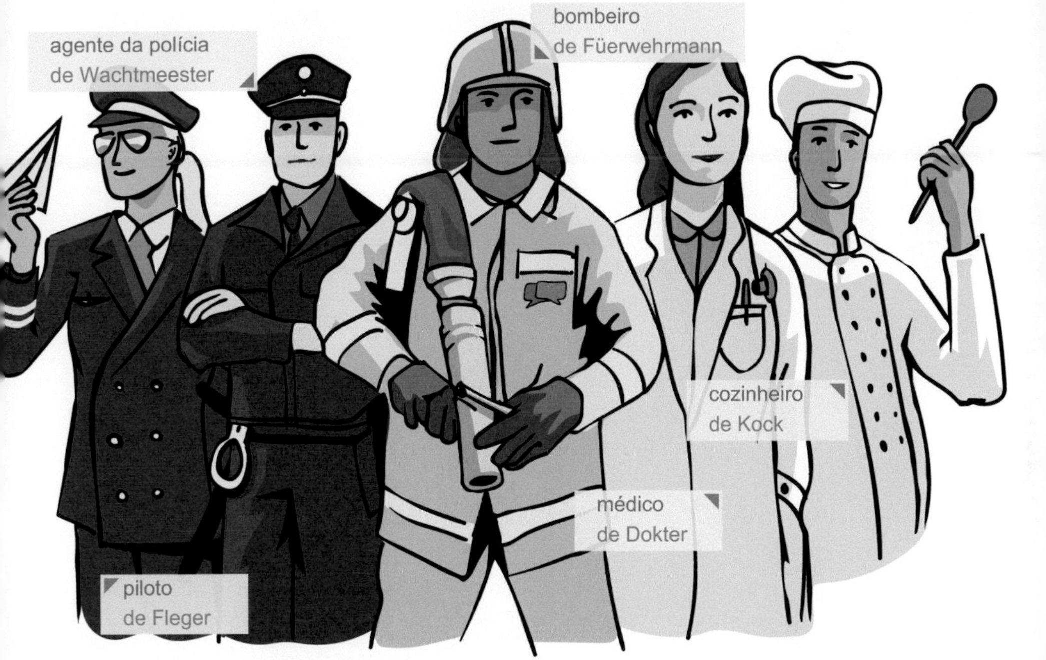
agente da polícia
de Wachtmeester
bombeiro
de Füerwehrmann
cozinheiro
de Kock
médico
de Dokter
piloto
de Fleger

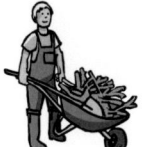

jardineiro

de Goorner

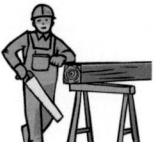

carpinteiro

de Discher

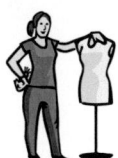

costureira

de Neihersche

juiz

de Richter

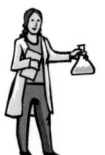

químico

de Chemiker

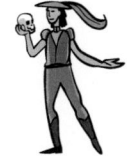

ator

de Schauspeler

motorista de autocarro

de Busfohrer

motorista de táxi

de Taxifohrer

pescador

de Fischer

empregada de limpeza

de Reinmaakfru

telhador

de Dackdecker

empregado de mesa

de Kellner

caçador

de Jäger

pintor

de Maler

padeiro

de Bäcker

eletricista

de Elektriker

construtor

de Buarbeider

engenheiro

de Ingenieur

talhante

de Slachter

canalizador

de Klempner

carteiro

de Postbüdel

soldado

de Suldat

arquiteto

de Architekt

caixa

de Kasserer

florista

de Florist

cabeleireiro

de Putzbüdel

controlador de bilhetes

de Schaffner

mecânico

de Mechaniker

capitão

de Kaptein

dentista

de Tähndokter

cientista

de Wetenschopler

rabino

de Rabbi

imã

de Imam

monge

de Mönk

pastor

de Paap

ferramentas
dat Warktüüch

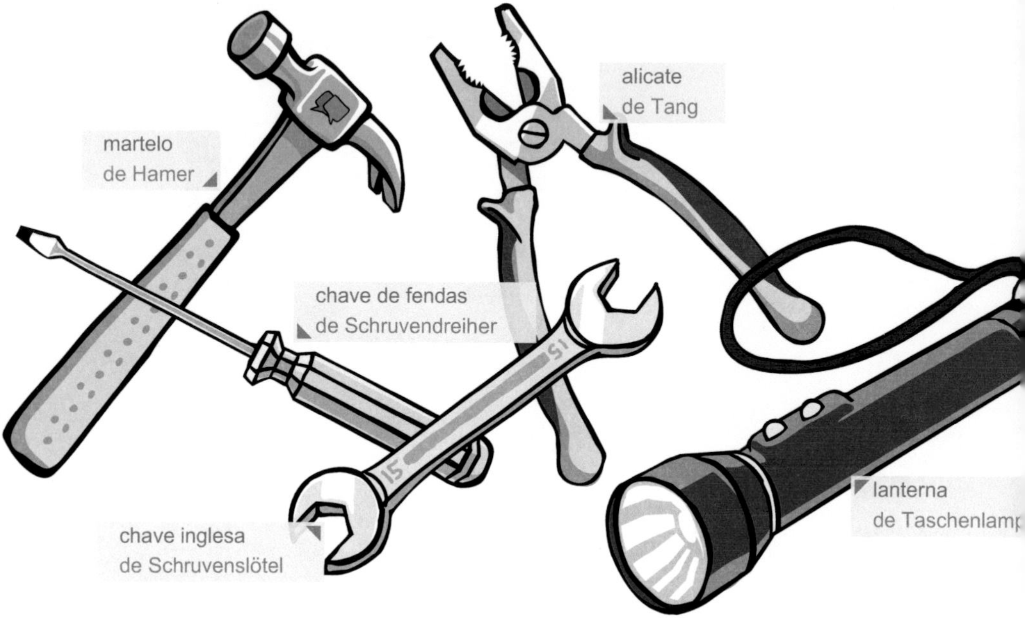

martelo
de Hamer
alicate
de Tang
chave de fendas
de Schruvendreiher
chave inglesa
de Schruvenslötel
lanterna
de Taschenlamp

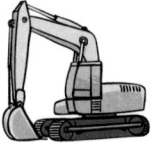

escavadora

de Grieper

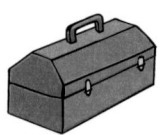

caixa de ferramentas

de Warktüüchkassen

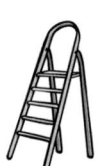

escadote

de Ledder

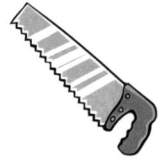

serra

de Saag

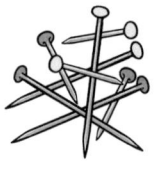

pregos

de Nagels

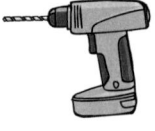

broca

de Bohrer

reparar

heelmaken

pá

de Schüffel

porcaria!

Schiet!

pá de lixo

dat Kehrblick

pote de tinta

de Farvpott

parafusos

de Schruven

instrumentos musicais
de Musikinstrumenten

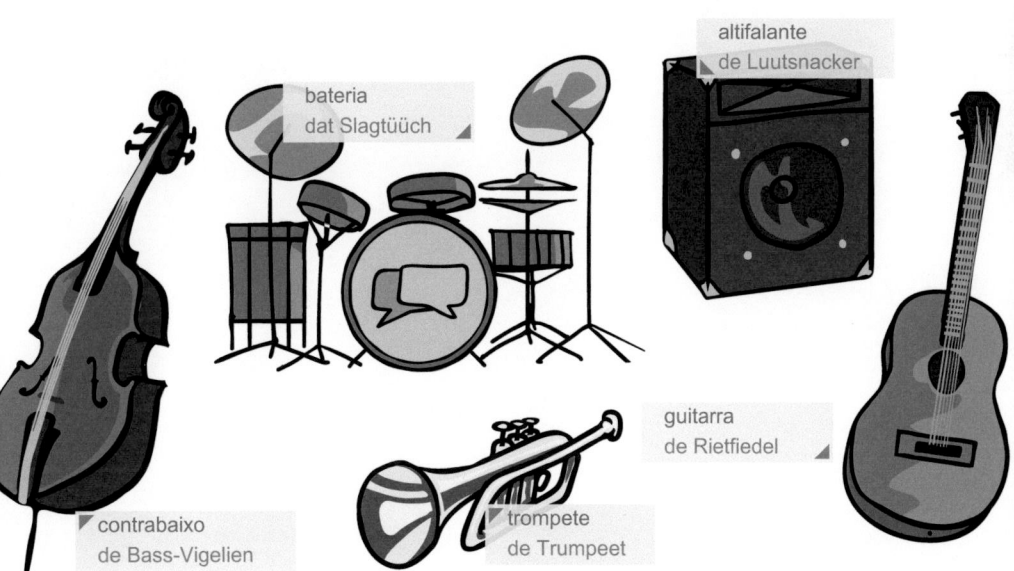

altifalante
de Luutsnacker

bateria
dat Slagtüüch

contrabaixo
de Bass-Vigelien

trompete
de Trumpeet

guitarra
de Rietfiedel

piano

dat Klaveer

violino

de Vigelien

baixo

de Bass

timbales

de Pauk

tambor

de Trummeln

teclado

dat Keyboard

saxofone

dat Saxophon

flauta

de Fleut

microfone

dat Mikrofoon

jardim zoológico
de Deertenpark

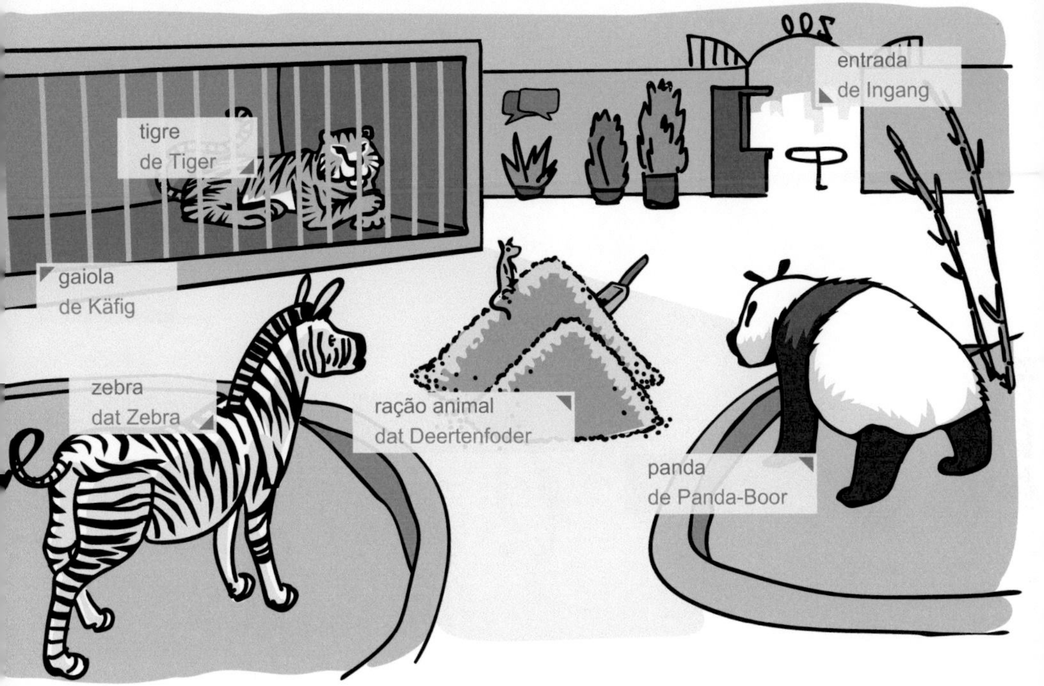

entrada
de Ingang
tigre
de Tiger
gaiola
de Käfig
zebra
dat Zebra
ração animal
dat Deertenfoder
panda
de Panda-Boor

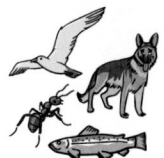

animais

de Deerten

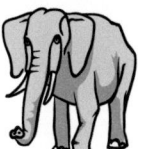

elefante

de Elefant

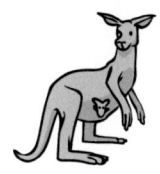

canguru

dat Känguru

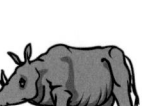

rinoceronte

dat Neeshoorn

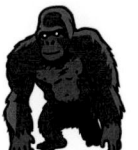

gorila

de Gorilla

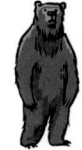

urso

de Boor

camelo

dat Kameel

avestruz

de Struuß

leão

de Lööv

macaco

de Aap

flamingo

de Flamingo

papagaio

de Papagoi

urso polar

de Iesboor

pinguim

de Pinguin

tubarão

de Haifisch

pavão

de Pageluun

cobra

de Slang

crocodilo

dat Krokodil

guarda do jardim zoológico

de Oppasser in'n
Deertenpark

foca

de Saalhund

jaguar

de Jaguor

pónei

dat Pony

leopardo

de Leopard

hipopótamo

dat Nilpeerd

girafa

de Giraff

águia

de Aadler

javali

dat Wildswien

peixe

de Fisch

tartaruga

de Schildkrööt

morsa

dat Walross

raposa

de Voss

gazela

de Gazell

futebol americano
de Amerikaansch Football

ciclismo
dat Radfohren

ténis
dat Tennis

basquetebol
de Korfball

natação
dat Swümmen

boxe
dat Boxen

hóquei no gelo
dat Ieshockey

futebol	badminton	atletismo
de Football	dat Fedderball	de Leichtathletik

andebol	esqui	polo
de Handball	dat Skilopen	dat Polo

atividades
de Aktivitäten

rir
lachen
saltar
springen
abraçar
ümarmen
andar
gahn
cantar
singen
sonhar
drömen
rezar
beden
beijar
snuteln

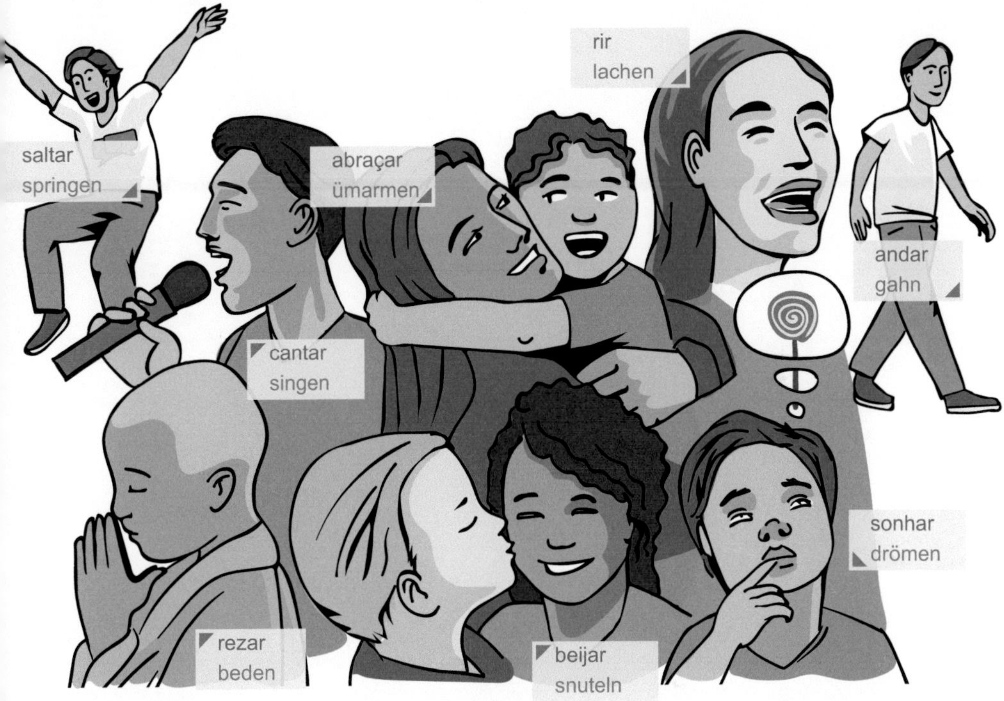

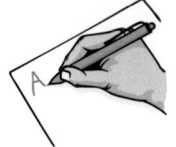

escrever

schrieven

desenhar

teken

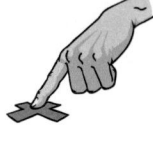

mostrar

wiesen

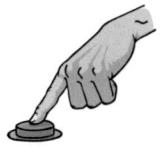

empurrar

drücken

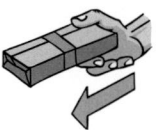

dar

geven

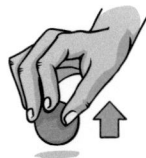

tomar

nehmen

ter
....
hebben

fazer
....
doon

ser
....
sien

ficar de pé
....
stahn

correr
....
lopen

puxar
....
trecken

remessar
....
smieten

cair
....
fallen

deitar
....
liggen

esperar
....
töven

carregar
....
dregen

sentar
....
sitten

vestir
....
antrecken

dormir
....
slapen

acordar
....
opwaken

olhar para

ankieken

chorar

wenen

acariciar

eien

pentear

kämmen

falar

snacken

compreender

verstahn

perguntar

fragen

ouvir

hören

beber

drinken

comer

eten

arrumar

oprümen

amar

leefhebben

cozinhar

kaken

conduzir

fohren

voar

flegen

velejar

segeln

calcular

reken

ler

lesen

aprender

lehren

trabalhar

arbeiden

casar

de Plünnen tohoopsmieten

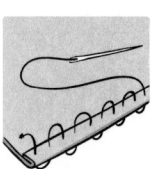

costurar

neihen

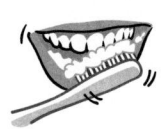

escovar os dentes

Tähnen putzen

matar

dootmaken

fumar

smöken

enviar

schicken

avó
e Grootmoder

avô
de Grootvadder

pai
de Vadder

mãe
de Moder

bé
t Winnelkind

filha
de Dochter

filho
de Söhn

convidado
de Gast

tia
de Tant

tio
de Unkel

irmão
de Broder

irmã
de Süster

corpo

de Lief

testa
de Vörkopp
olho
dat Oog
ombro
de Schuller
dedo
de Finger
cara
dat Gesicht
queixo
dat Kinn
mão
de Hand
perna
dat Been
peito
de Bost
braço
de Arm

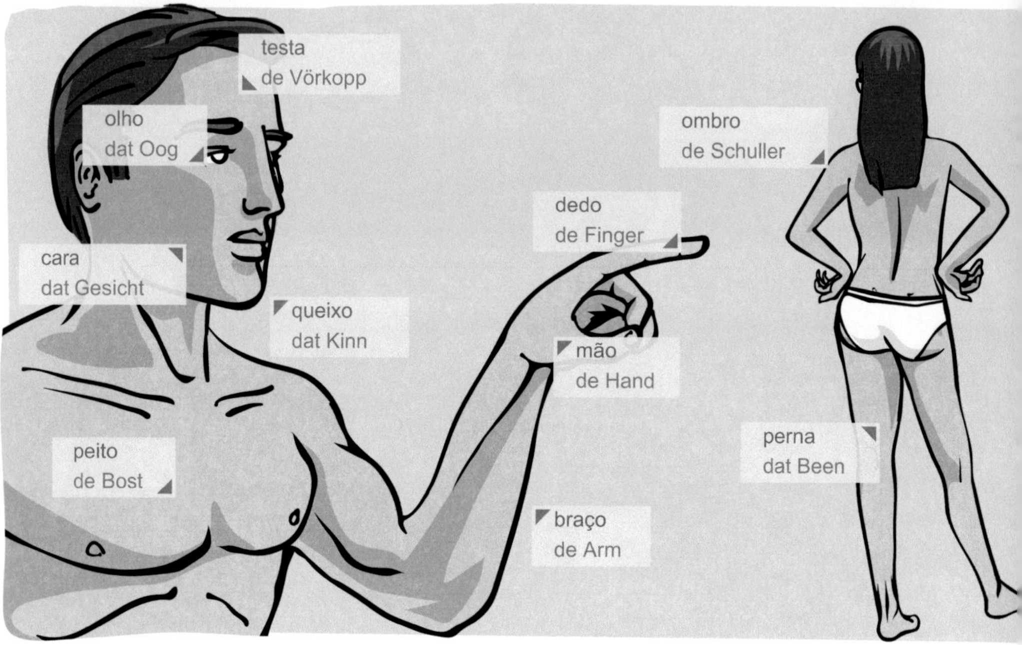

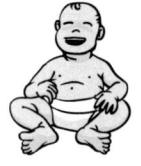

bebé

dat Winnelkind

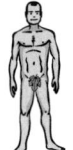

homem

de Mann

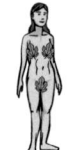

mulher

de Fro

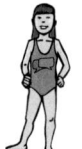

menina

de Deern

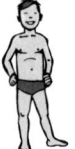

menino

de Jung

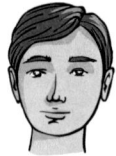

cabeça

de Arm

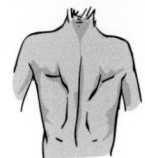

costas

de Rüch

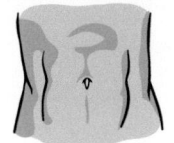

barriga

de Buuk

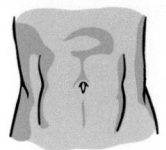

umbigo

de Navel

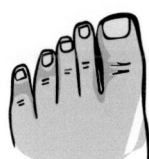

dedo do pé

de Teh

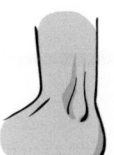

calcanhar

de Hack

osso

de Knaken

anca

de Hüft

joelho

dat Knee

cotovelo

de Ellbagen

nariz

de Nees

nádegas

de Achtersen

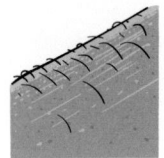

pele

de Huut

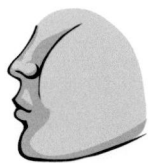

bochecha

de Back

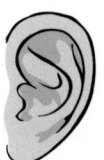

orelha

dat Ohr

lábio

de Lipp

boca

de Mund

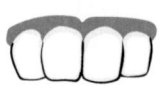

dente

de Tähn

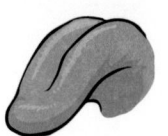

língua

de Tung

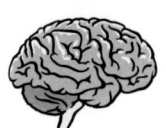

cérebro

de Bregen

coração

dat Hart

músculo

de Muskel

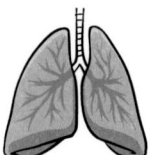

pulmão

de Lung

fígado

de Lever

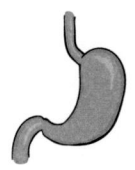

estômago

de Maag

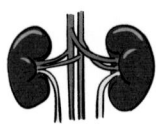

rins

de Neren

relações sexuais

de Bislaap

preservativo

dat Kondoom

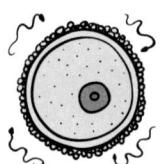

óvulo

de Eizell

esperma

dat Sperma

gravidez

de Anner Ümstänn

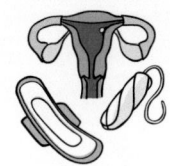

menstruação
de Menstruatschoon

vagina
de Scheed

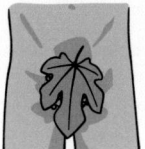

pénis
de Pint

sobrancelha
de Ogenbroe

cabelo
dat Hoor

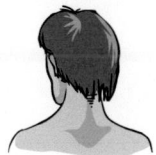

pescoço
de Hals

hospital
dat Krankenhuus

hospital
dat Krankenhuus

ambulância
de Krankenwagen

cadeira de rodas
de Rullstohl

fratura
de Bruch

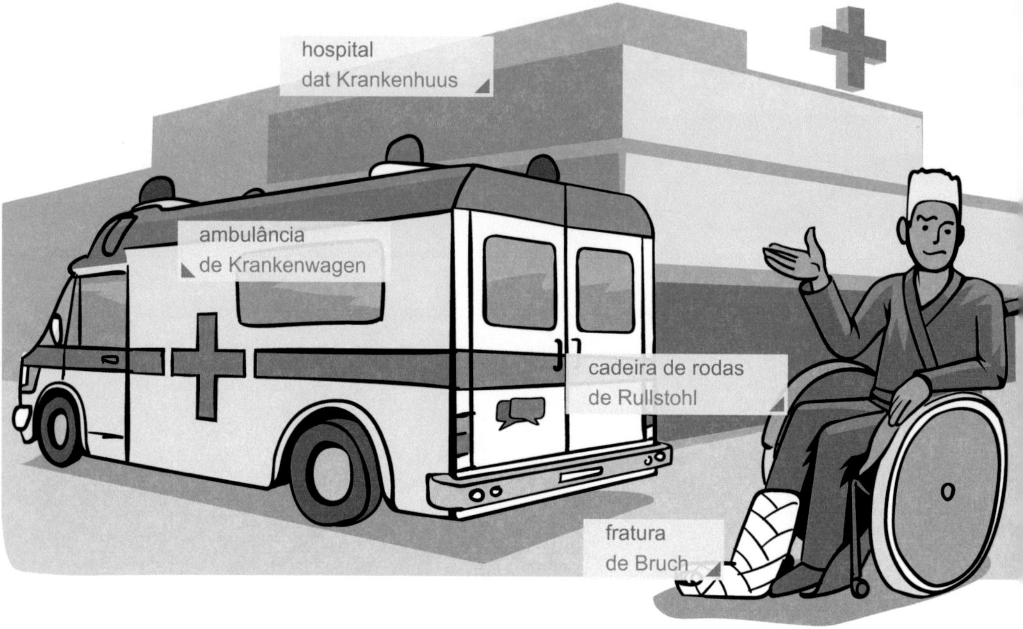

médico
de Dokter

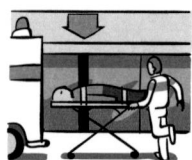

serviço de urgências
de Nootopnahm

enfermeira
de Krankensüster

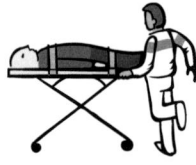

emergência
de Nootfall

inconsciente
ahnmächtig

dor
de Wehdaag

ferimento

de Verwunnen

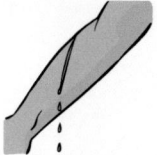

hemorragia

de Blöden

ataque cardíaco

de Hartinfarkt

acidente vascular cerebral

de Slaganfall

alergia

de Allergie

tosse

de Hoosten

febre

dat Fever

gripe

de Gripp

diarreia

de Dörchfall

dor de cabeça

de Koppwehdaag

cancro

de Kreeft

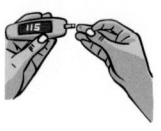

diabetes

de Zuckersüük

cirurgião

de Chirurg

bisturi

dat Chirurgsch Mess

operação

de Operatschoon

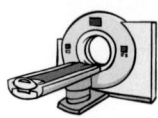

CT

dat CT

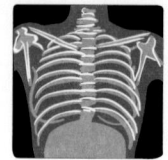

raio x

de Dörchlüchten

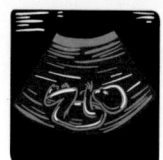

ultrassom

de Ultraschall

máscara

de Mask

doença

de Krankheit

sala de espera

de Töövruum

muleta

de Krück

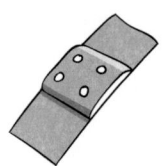

penso rápido

dat Plaaster

ligadura

de Verband

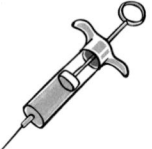

injeção

de Insprütten

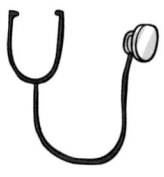

estetoscópio

dat Stethoskop

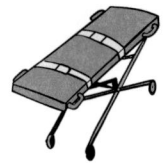

maca

de Draag

termómetro

dat Feverthermometer

nascimento

de Geboort

excesso de peso

dat Övergewicht

hospital - dat Krankenhuus

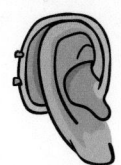

aparelho auditivo

de Höörapparat

desinfetante

dat Kiemfriemiddel

infeção

de Ansteken

vírus

de Virus

HIV / SIDA

dat HIV / AIDS

medicamento

dat Heelmiddel

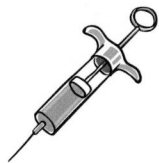

vacinação

de Impen

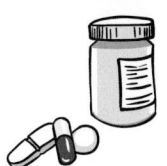

comprimidos

de Tabletten

pílula

de Pill

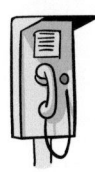

chamada de emergência

de Nootroop

dispositivo de medição de
pressão arterial

de Blootdruck-Meter

doente / saudável

krank / gesund

Socorro!

Hölp!

alarme

de Alarm

assalto

de Överfall

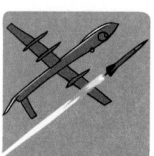

ataque

de Angreep

perigo

de Gefohr

saída de emergência

de Nootutgang

Fogo!

dat Füer!

extintor de incêndios

de Füerlöscher

acidente

de Unfall

estojo de primeiros socorros

de Noothölpkoffer

SOS

SOS

polícia

de Polizei

Europa

Europa

América do Norte

Noordamerika

América do Sul

Süüdamerika

África

Afrika

Ásia

Asien

Austrália

Australien

Atlântico

de Atlantik

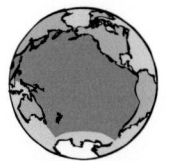

Pacífico

de Pazifik

Oceano Índico

dat Indisch Weltmeer

Oceano Antártico

dat Antarktisch Weltmeer

Oceano Ártico

dat Arktisch Weltmeer

Polo Norte

de Noordpol

Polo Sul
de Süüdpol

Antártica
de Antarktis

terra
de Eerd

país
dat Land

mar
de See

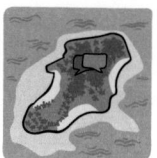

ilha
dat Eiland

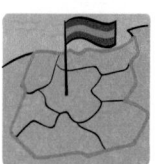

nação
de Natschoon

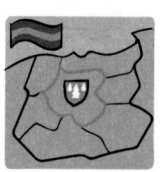

estado
de Staat

mostrador do relógio

dat Tallenblatt

ponteiro das horas

de Stunnenwieser

ponteiro dos minutos

de Minutenwieser

ponteiro dos segundos

de Sekunnenwieser

Que horas são?

Wo laat is dat?

dia

de Dag

tempo

de Tiet

agora

nu

relógio digital

de digetaalsch Klock

minuto

de Minuut

hora

de Stunn

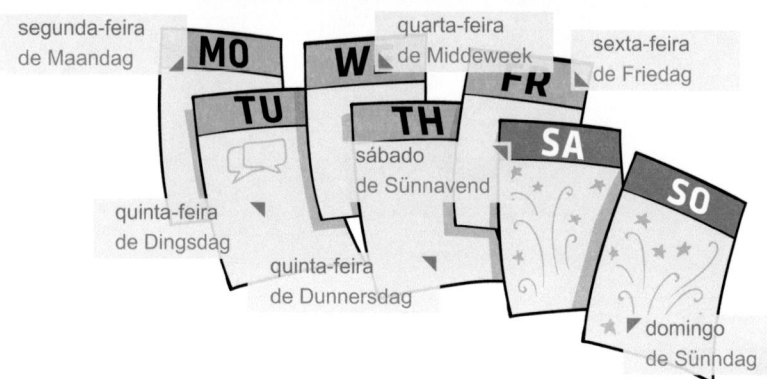

segunda-feira
de Maandag

quarta-feira
de Middeweek

sexta-feira
de Friedag

quinta-feira
de Dingsdag

sábado
de Sünnavend

quinta-feira
de Dunnersdag

domingo
de Sünndag

ontem

güstern

hoje

hüüt

amanhã

morgen

manhã

de Morgen

meio-dia

de Meddag

entardecer

de Avend

dias úteis

de Arbeitsdaag

fim de semana

dat Wekenenn

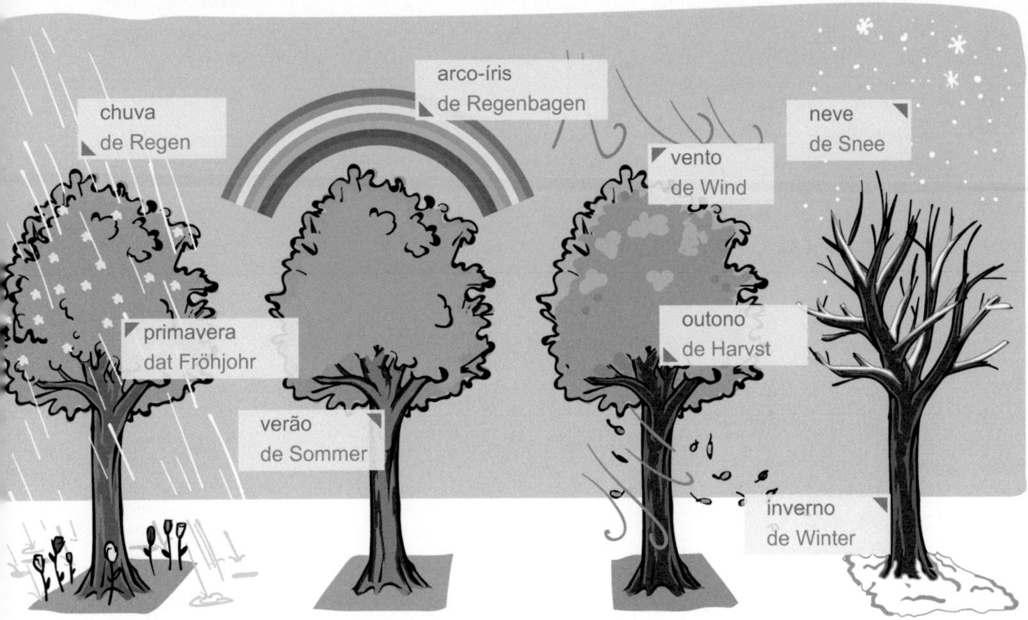

chuva
de Regen
arco-íris
de Regenbagen
neve
de Snee
vento
de Wind
primavera
dat Fröhjohr
outono
de Harvst
verão
de Sommer
inverno
de Winter

4.APRIL 11°
5.APRIL 4°
6.APRIL 13°
7.APRIL 8°
8.APRIL 10°

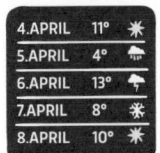

previsão do tempo

de Wedervörhersaag

F
C
120
90
60
30
0
-30
40
30
20
10
0
-10
-20

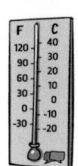

termómetro

dat Thermometer

raios de sol

de Sünnenschien

nuvem

de Wulk

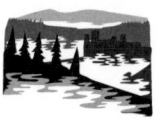

neblina / nevoeiro

de Nevel

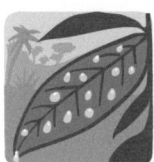

humidade do ar

de Luftfuchtigkeit

relâmpago

de Blitz

trovão

de Dunner

tempestade

de Storm

granizo

de Hagel

monção

de Monsun

inundação

de Floot

gelo

dat Ies

janeiro

de Januormaand

fevereiro

de Februormaand

março

de Martmaand

abril

de Aprilmaand

maio

de Maimaand

junho

de Junimaand

julho

de Julimaand

agosto

de Augustmaand

setembro

de Septembermaand

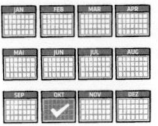

outubro

de Oktobermaand

novembro

de Novembermaand

dezembro

de Dezembermaand

formas
de Formen

círculo

de Krink

quadrado

dat Quadrat

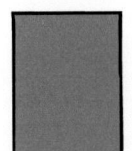

retângulo

dat Rechteck

triângulo

dat Dreeeck

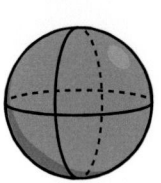

esfera

de Kugel

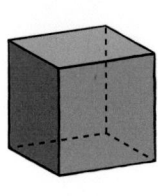

cubo

de Wörpel

branco
....
witt

amarelo
....
geel

laranja
....
orangsch

rosa
....
pink

vermelho
....
root

lilás
....
lila

azul
....
blau

verde
....
grőőn

castanho
....
bruun

cinzento
....
gries

preto
....
swart

muito / pouco

veel / wenig

furioso / calmo

böös / verdreeglich

lindo / feio

smuck / mies

princípio / fim

de Begünn / dat Enn

grande / pequeno

groot / lütt

claro / escuro

hell / düüster

irmão / irmã

de Broder / de Süster

limpo / sujo

schier / schietig

completo / incompleto

kumpleet / nich kumpleet

dia / noite

de Dag / de Nacht

morto / vivo

doot / lebennig

largo / estreito

breet / small

comestível / não comestível

geneetbor / nich geneetbor

mau / gentil

böös / fründlich

entusiasmado / entediado

fickerig / langwielt

gordo / magro

dick / dünn

primeiro / último

toeerst / toletzt

amigo / inimigo

de Fründ / de Fiend

cheio / vazio

vull / leddig

duro / macio

hart / week

pesado / leve

swoor / licht

fome / sede

de Smacht / de Döst

doente / saudável

krank / gesund

ilegal / legal

nich na't Recht / na't Recht

inteligente / burro

klook / dummerhaftig

esquerda / direita

linkerhand / rechterhand

perto / longe

neeg / feern

novo / usado

nieg / bruukt

nada / algo

nix / wat

velho / jovem

oolt / jung

ligado / desligado

an / ut

aberto / fechado

apen / slaten

baixo / alto

lies / luut

rico / pobre

riek / arm

certo / errado

richtig / verkehrt

áspero / liso

ruug / glatt

triste / feliz

trurig / glücklich

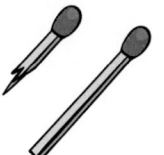

curto / longo

kort / lang

lento / rápido

suutje / flink

molhado / seco

natt / dröög

ameno / fresco

warm / köhl

guerra / paz

de Krieg / de Freden

números

de Tallen

0

zero
....
null

1

um
....
een

2

dois
....
twee

3

três
....
dree

4

quatro
....
veer

5

cinco
....
fief

6

seis
....
söss

7

sete
....
söven

8

oito
....
acht

9

nove
....
negen

10

dez
....
teihn

11

onze
....
ölven

12	**13**	**14**
doze	treze	catorze
twölf	dörteihn	veerteihn

15	**16**	**17**
quinze	dezasseis	dezassete
föffteihn	sössteihn	söventeihn

18	**19**	**20**
dezoito	dezanove	vinte
achtteihn	negenteihn	twintig

100	**1.000**	**1.000.000**
cem	mil	milhão
hunnert	dusend	million

inglês
....
dat Engelsch

inglês americano
....
dat Amerikaansch Engelsch

chinês mandarim
....
dat Chineesch Mandarin

hindi
....
dat Hindi

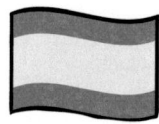

espanhol
....
dat Spaansch

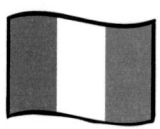

francês
....
dat Franzöösch

árabe
....
dat Araabsch

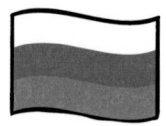

russo
....
dat Rusch

português
....
dat Portugiesch

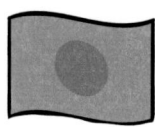

bengalês
....
dat Bengaalsch

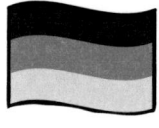

alemão
....
dat Düütsch

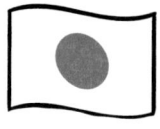

japonês
....
dat Japaansch

eu
ik

tu
du

ele / ela
he / se / dat

nós
wi

vós
ji

eles / elas
se

quem?
keen?

o quê?
wat?

como?
woans?

onde?
woneem?

quando?
wannehr?

nome
de Naam

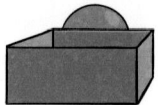

atrás

achter

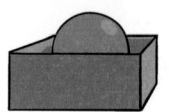

em

in

à frente de

vör

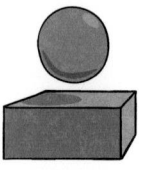

sobre

över

em cima

op

debaixo

ünner

ao lado

blangen

entre

twüschen

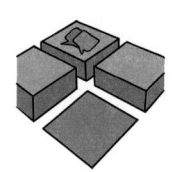

lugar

de Oort